Für

_____

Von

_____

No. 42

Schöner lesen!

ISBN 978-3-649-64690-7

© 2024 Coppenrath Verlag GmbH & Co. KG

Hafenweg 30, 48155 Münster, Germany

Illustrationen: © 2024 Marjolein Bastin

Text: © 2024 Stefanie Zysk

Grafische Gestaltung: Daniela Lengers Grafik-Design, Laer

Redaktion: Nina Sträter

www.coppenrath.de

Designed in Germany, Printed in P.R.C.

Stefanie Zysk

FARBENPRACHT UND BLÜTENZAUBER

Die kleine Blumenkunde

COPPENRATH

Arten	etwa 20
Blütenfarben	Weiß, Rosa, Dunkelrot
Blütezeit	Dezember bis März

Christrose

HELLEBORUS; HAHNENFUSSGEWÄCHS

Mitten im Winter, wenn der Garten von Schnee bedeckt ist, blüht die Schneerose, auch Christrose genannt. Der Legende nach machten sich die Hirten in der Weihnachtsnacht auf den Weg nach Bethlehem, um das Christkind zu beschenken. Nur ein Knabe hatte keine Gabe und weinte bitterlich. Als seine Tränen den Boden berührten, wuchsen Pflanzen mit anmutigen weißen Blüten, die der Junge dem göttlichen Kind in Krippe legte. Daher gilt die Christrose als Symbol der Geburt Christi und steht für Hoffnung und Unschuld. In der Sprache der Blumen sagt sie: „Hilf mir, meine Angst zu überwinden."

Im Volksglauben wurde die Christrose als Zauberpflanze angesehen und gegen Herzkrankheiten, Nerven- und Nierenleiden eingesetzt. Sie ist auch als „Nieswurz" bekannt, weil sie früher zu Schnupftabak verarbeitet wurde. Die wild wachsende Christrose, die ursprünglich aus Südostasien stammt, ist eine geschützte Pflanze und gilt als gefährdet. Zu den Helleborus-Arten gehört auch die Lenzrose, die in vielen verschiedenen Farben später im Frühjahr blüht.

Arten	20
Blütenfarbe	Weiß
Blütezeit	Dezember bis April

Schneeglöckchen

GALANTHUS; AMARYLLISGEWÄCHS

Die Schneeglöckchen gehören zu den ersten Frühlingsboten. Ihr botanischer Name „Galanthus" bedeutet so viel wie „Milchblüte". Eine Sage erzählt, dass Gott den Schnee geschaffen hatte, ohne ihm eine Farbe zu geben. Keine Blume war bereit, dem Schnee zu helfen, nur das kleine Schneeglöckchen teilte seine Farbe mit ihm. Aus Dankbarkeit lässt der Schnee die zarte Blume seither auch im Winter blühen.

Man geht davon aus, dass das Schneeglöckchen durch seinen Stoffwechsel in der Zwiebel Eigenwärme erzeugt und so den Schnee um sich herum schmelzen kann. Aber das Schneeglöckchen hat noch einen Trick: Für das menschliche Auge sieht es nur reinweiß aus, für Insekten leuchtet es aber geradezu aus dem Schnee heraus. Die Blütenblätter reflektieren das UV-Licht der Sonne und locken mit ihrem Strahlen ausgehungerte Bienen und Hummeln an. Bei seiner Verbreitung helfen dem Schneeglöckchen die Ameisen. An den Samen hängt ein für die Krabbler schmackhafter Nährkörper. Die Ameisen tragen den Samen zu ihrem Bau, fressen aber nur den Nährkörper, während der Samen an einem neuen Ort auskeimen kann.

Arten	80 bis 120, zahlreiche Unterarten
Blütenfarben	Weiß, Gelb, Orange, Blau, Violett, auch gestreift
Blütezeit	Januar bis April

Krokus

CROCUS; SCHWERTLILIENGEWÄCHS

Nicht nur Gartenbesitzer freuen sich im Frühling über die bunten Krokusse, auch für Bienen und andere Insekten sind sie nach den langen Wintermonaten eine wichtige Nahrungsquelle. Besonders in den Bergen bietet sich ein zauberhaftes Bild, wenn unzählige wilde Krokusse nach der Schneeschmelze die Wiesen wie ein weiß-violetter Teppich bedecken. Bei den Römern galt der Krokus als Zeichen der Hoffnung auf ein überirdisches Leben und wurde deshalb auf die Gräber der Verstorbenen gepflanzt, während er im Altertum den Namen „Blume der Nacht" trug. Damals wurde aus dem Safran-Krokus ein Liebestrank hergestellt, den man auf die Kissen der Brautleute träufelte. Heute werden die Staubfäden des Safran-Krokus, dessen Blütezeit im Herbst ist, vor allem als Gewürz verwendet. Die mühevolle, personalintensive Ernte macht ihn zum teuersten Gewürz der Welt. Meist aus dem Iran stammend, erreicht ein Kilogramm Safran Preise bis zu 20.000 Euro. Gerichten wie Paella und Risotto gibt der Safran neben einem herb-scharfen Geschmack seine typische goldgelbe Farbe.

Arten 3

Blütenfarben
Weiß, Gelb, Rot,
Rosa, Blau, Violett

Blütezeit
März bis Mai

Hyazinthe

Der Gott Apollo verliebte sich einst in den schönen Jüngling „Hyakinthos". Als dieser beim Diskuswerfen tödlich getroffen wurde, verwandelte Apollo der griechischen Mythologie nach die Blutstropfen des Freundes aus Trauer in Blumen, die Hyazinthen.

Ihre Heimat ist der Orient, im 16. Jahrhundert kam sie nach Europa. Ihre Zwiebeln waren eine Rarität und sehr wertvoll, nur wenige konnten sie sich leisten, weshalb die Blume früher für Macht und Schönheit stand. Heute ist die Hyazinthe mit ihren traubenförmigen Blütenständen weitverbreitet, aber dennoch ist die Blume im Frühjahr ein beliebtes Mitbringsel. Gerade die blaue Hyazinthe gilt als Symbol der Aufrichtigkeit und ist in der christlichen Religion ein Zeichen für Liebe und Glück.

Besonders in den Abendstunden verbreitet die Blüte einen intensiven, lilienähnlichen Duft, weshalb sie früher irrtümlich zu den Liliengewächsen gezählt wurde. Heute wird sie botanisch den Spargelgewächsen zugeordnet, auch wenn sie äußerlich kaum etwas gemeinsam haben.

Arten	65 bis 85
Blütenfarben	Weiß, Gelb, Orange
Blütezeit	Februar bis Mai

Osterglocke/Narzisse

NARCISSUS; AMARYLLISGEWÄCHS

Kaum ein Frühblüher ist so typisch für die Oster-
zeit wie die gelb-orangen Narzissen. Deshalb werden die Blumen mit ihren hängenden Blüten auch
Osterglocken genannt. Der botanische Name geht
auf die griechische Mythologie zurück: Der eitle
Jäger Narziss war so verliebt in sein Spiegelbild
im Fluss, dass er es so lange betrachtete, bis er
an seiner unerfüllten Liebe starb. Nach seinem
Tod erblühten am Ufer gelbe Narzissen. Aus dieser
Sage leitet sich auch der Begriff „Narzissmus" ab, der für
die Selbstverliebtheit eines Menschen
steht. Als Geschenk steht die Blume
für Frische und das blühende Leben
und gilt als christliches Symbol für
die Auferstehung. In China wird die
Narzisse in eine Vase gestellt und als
Neujahrsorakel verwendet – öffnet
sich die Blüte genau an diesem Tag,
bedeutet das Glück und Gesundheit für
das kommende Jahr. Die aus Südeuropa
stammende Blume ist allerdings giftig, was
sie vor Fressfeinden im Garten, zum Beispiel
vor Wühlmäusen, schützt.

Arten	12 Arten
Blütenfarben	Weiß, Rosa, Rot
Blütezeit	Februar bis März

Gänseblümchen

BELLIS; KORBBLÜTLER

Welches Kind liebt es nicht, das Gänseblümchen. „Bellis perennis" ist die bekannteste Art. Ihre lateinische Bezeichnung bedeutet die „hübsche Ausdauernde", denn sie blüht von Februar bis September. Aber das Gewöhnliche Gänseblümchen hat noch viele andere Namen wie „Tausendschön" oder „Marienblume".

Es ist beliebt, ob als Kranz im Haar oder als Orakelblume, wenn durch Abzupfen der Zungenblüten herausgefunden wird, ob man geliebt wird oder nicht. Und ein bisschen Aberglaube gibt es auch: Es heißt, wer drei Gänseblümchen im Frühjahr isst, bekommt das ganze Jahr keine Zahnschmerzen, Fieber oder Atembeschwerden. Der Verzehr ist bedenkenlos möglich, im Salat ist das leckere, leicht nussig schmeckende Blümchen sehr beliebt. Abends und bei schlechtem Wetter verschließt sich die Blüte, um die Pollen zu schützen. Die weiß-rosa Zungenblüten bilden eine Scheinblüte und umgeben den wahren Blütenstand, das gelbe Körbchen, das aus mehr als hundert kleinen Einzelblüten besteht. Auch wenn das Gänseblümchen nur wenig Nektar produziert, wird es gerne von Wildbienen und Schwebfliegen besucht.

Arten	etwa 150
Blütenfarben	Weiß, Rot, Orange, Gelb, Rosa, Violett, Schwarz, mehrfarbig
Blütezeit	März bis Mai

Tulpe

Schiebt sich die Tulpe mit ihrer aufrechten Blütenform aus der Erde, ist endlich der Frühling da! Während die Blume ursprünglich aus Mittel- und Zentralasien kommt, verbindet man sie heute vor allem mit den Niederlanden. Hier werden die meisten Tulpen weltweit produziert und ins Ausland verkauft.

Im 16. Jahrhundert kam die Tulpe über die Türkei nach Europa und wurde 100 Jahre später ein riesiges Spekulationsobjekt. Wie durch ein Wunder hatte nämlich eine einfarbige Tulpe ihre Farbe geändert und zeigte ein gestreiftes Muster. Heute weiß man, dass eine Viruserkrankung der Pflanze die Ursache war. Damals löste die neue Tulpensorte eine wahre „Tulpomanie" aus – bis zu 10.000 Gulden wurden für eine einzige Zwiebel dieser Sorte bezahlt, so viel wie für ein Stadthaus in Amsterdam. Heute gibt es über 3000 verschiede Tulpensorten in allen Farben und Mustern, die Tulpe ist weitverbreitet und für jeden bezahlbar. Aus unseren Gärten und Vasen ist diese beliebte Blume schon lange nicht mehr wegzudenken.

Arten	bis 650
Blütenfarben	Violett, Rosa, Weiß, Gelb
Blütezeit	April bis Oktober

Veilchen

VIOLA; VEILCHENGEWÄCHS

Das zarte Veilchen ist auf der ganzen Welt zu finden, hierzulande besonders in Parks und Gärten. In heißen Ländern wächst es eher in feuchteren Gebirgsregionen, sogar Höhen über 4000 Meter können der kleinen Blume nichts anhaben. Dass es wegen seines fragilen Aussehens neben Unschuld und Bescheidenheit auch für Zerbrechlichkeit steht, erscheint im Hinblick auf seine Zähigkeit nicht ganz passend.

In der Parfümindustrie spielt das angenehm duftende Veilchen schon seit Jahrhunderten eine wichtige Rolle. Auch aus der Küche ist die essbare Blüte nicht mehr wegzudenken, ob als Dekoration in Salaten, eingefroren als Blüteneiswürfel oder in Suppen. Kandierte Veilchen waren neben Veilchensorbet die liebsten Süßigkeiten von Kaiserin Elisabeth von Österreich, genannt Sisi. Zu den Veilchen gehören auch die Stiefmütterchen. Die fünf Kronblätter der Blüte haben zur Namensgebung beigetragen. So soll das untere, große Blütenblatt die Stiefmutter darstellen, rechts und links folgen die beiden Töchter und ganz oben die beiden Stieftöchter.

Arten	20 bis 25
Blütenfarben	Weiß, Rosa, Violett
Blütezeit	April bis Juni

Flieder

Der botanische Name des Flieders „Syringa" geht auf eine alte griechische Sage zurück. Der Hirtengott Pan verfolgte die schöne Nymphe Syrinx durch den Wald. Aus Angst verwandelte sie sich in einen Fliederstrauch, aus dessen Holz Pan seine erste Flöte schnitzte.

Heute verbinden wir mit dem Flieder seinen zart-süßen Duft, den die meist violetten und in Rispen wachsenden kleinen Blüten verströmen. Die Kelten hielten den Fliedergeruch sogar für magisch und glaubten, dass sie durch ihn in überirdische Welten gelangen könnten. Kein Wunder, dass sich diese Duftnote bis heute in zahlreichen Parfüms wiederfindet. Aus der Pflanze gewonnene ätherische Öle werden gerne für Duftkerzen und Räucherstäbchen verwendet. Ein Fliederblumenstrauß als Liebesbotschaft beeindruckt die Angebetete also nicht nur durch die kerzenförmigen Blütenstände, sondern auch durch den gewinnenden Geruch. Wählt der Kavalier weiße Blüten, so spricht das noch für seine Zurückhaltung, ein kräftiges Violett drückt hingegen seine starken Gefühle aus.

Arten	mehr als 250
Blütenfarben	Rot, Rosa, Pink, Lila, Weiß, Gelb, Apricot, Orange
Blütezeit	ab Juni/Juli

Rose

Nicht umsonst wurde die Rose schon im antiken Griechenland die „Königin der Blumen" genannt. Diesen Namen trägt die prächtige Blume bis heute mit Stolz und darf in keinem Garten fehlen.

Die ältesten fossilen Funde von Wildrosen wurden in den Rocky Mountains entdeckt und sind etwa 35 Millionen Jahre alt. Die Kulturrose hat ihren Ursprung allerdings in den königlichen Gärten Pekings in China und breitete sich von dort über die ganze Welt aus. Durch Züchtungen entstanden über 30 000 neue Sorten.

Die Rose gehört zu den am meisten verschenkten Blumen und spricht dabei ihre ganz eigene Sprache: Die rote Rose steht für Liebe und Leidenschaft, die rosafarbige für zarte Gefühle. Die weiße Rose ist ein Sinnbild für Unschuld und Treue und deshalb im Brautstrauß beliebt. Neben Heiterkeit und Glück kann die gelbe Rose auch Missgunst und Eifersucht bedeuten. Rosen werden nicht nur als Zierpflanzen genutzt, Rosenöl spielt auch in der Parfümindustrie eine wichtige Rolle und Rosenwasser wird zur Herstellung von Marzipan und Lebkuchen verwendet.

Arten	etwa 125
Blütenfarben	Weiß, Rosa, Rot, Gelb, Violett, Orange, auch gemustert
Blütezeit	zwischen Mai und September

Lilie

LILIUM; LILIENGEWÄCHS

Die Lilie besticht nicht nur durch ihr majestätisches Aussehen, auch mit ihrem betörenden Duft zieht sie alle Aufmerksamkeit auf sich. Dieser war schon in der Antike für seine aphrodisierende Wirkung bekannt und sogar ihre Kissen füllten die Römer mit Lilienblüten, um sich nachts in ihrem Duft den Wonnen der Lust hinzugeben. Griechische und römische Bräute wurden mit Lilien gekrönt als Zeichen ihrer Liebe und in der Hoffnung auf ein fruchtbares Leben.

Die weiße „Madonnen-Lilie" ist in zahlreichen Gemälden und christlichen Abbildungen zu finden und gilt als Symbol für die Reinheit und immerwährende Jungfräulichkeit Marias. Doch die ursprünglich aus dem Himalaya stammende Pflanze hat noch eine andere, traurige Bedeutung: Mit ihrer weißen Farbe versinnbildlicht sie auch die Unschuld der Verstorbenen und wird daher „Todesblume" genannt. Eher unbekannt ist die Nutzung bestimmter Lilienarten als Heilpflanzen oder Lebensmittel. In China werden die Blüten und Zwiebeln frisch oder getrocknet verzehrt.

Arten	etwa 600
Blütenfarben	Weiß, Rosa, Lila, Rot, Gelb, Apricot
Blütezeit	ab Mai den ganzen Sommer

Nelke

DIANTHUS; NELKENGEWÄCHS

Der botanische Name der Nelke heißt übersetzt „Blume der Götter". Sie stammt aus dem Mittelmeerraum und ist eine der ältesten kultivierten Blumensorten der Welt. Ihre gefransten Blütenblätter in vielfältigen Farbnuancen geben der Nelke ein rüschenhaftes Aussehen, das sie für Blumensträuße und Dekorationen interessant macht. Aber auch Maler wussten sie und ihre Bedeutung für ihre Werke zu nutzen, wobei die Nelke in der Renaissance besonders gern als Blume der Liebe und Hingabe für Verlobungsbildnisse verwendet wurde. Während der Französischen Revolution trugen Adelige auf dem Weg zum Schafott oft eine rote Nelke im Knopfloch, um ihre Unerschrockenheit vor der Hinrichtung zu zeigen. Im 19. Jahrhundert wurde die rote Nelke zum Zeichen der Zusammengehörigkeit und des Widerstands der Arbeiterbewegung und rief zum politischen Aufbruch auf. Noch heute ist die rote Landnelke ein weltweit bekanntes Symbol des Sozialismus.

Arten	über 300
Blütenfarben	Lila, Blau, Rosa, Gelb, Orange, Weiß, Schwarz, mehrfarbig
Blütezeit	April bis Juli

MB

Schwertlilie

Während sich der deutsche Name Schwertlilie auf die schmalen, schwertartigen Blätter bezieht, leitet sich die botanische Bezeichnung „Iris" von der griechischen Göttin des Regenbogens ab. Sehr passend, denn die Blüten der verschiedenen Schwertlilienarten zeigen sich in mannigfaltigen Farben und Mustern.

Aber auch die Größenunterschiede erstaunen. Während die Zwerg-Schwertlilie nur etwa 20 Zentimeter hoch wird, erreicht die Bart-Iris mit ihren großen Blüten eine Höhe von bis zu 1,20 Metern. Das besondere Aussehen der Schwertlilie beeindruckte auch den Maler Vincent van Gogh, dessen Gemälde „Schwertlilien" aus dem Jahr 1889 für eine Rekordsumme von fast 94 Millionen Dollar versteigert wurde. Bekannt ist die Schwertlilie auch durch das Wappen des königlichen Geschlechts der Bourbonen und wird deshalb auch „Bourbonen-Lilie" genannt.

Wer eine Iris verschenkt, offenbart seine bedingungslose Treue und zeigt der beschenkten Person, dass sie sich ganz und gar auf ihn verlassen kann.

Arten	etwa 50
Blütenfarben	Blau, Rosa, Weiß, Gelb
Blütezeit	April und Mai

Vergissmeinnicht

MYOSOTIS; RAUBLATTGEWÄCHS

Als der Göttervater Zeus allen Pflanzen einen Namen gab, hatte ein kleines blaues Blümchen Angst, vergessen zu werden, und rief immer wieder: „Vergiss mein nicht!" Laut griechischer Mythologie soll das Vergissmeinnicht so zu seinem Namen gekommen sein, der in zahlreiche Sprache übertragen wurde. Im Englischen heißt es „Forget-me-not", im Französichen „Ne m'oubliez pas". Interessant ist aber auch sein botanischer Name „Myosotis", was übersetzt „das Mäuseohr" heißt und auf die Ähnlichkeit der Blätter mit den Ohren der kleinen Nager zurückzuführen ist.

In der Sprache der Blumen hat das Vergissmeinnicht eine ganz besondere Bedeutung. Es steht für Liebe und Treue, wird aber auch gerne zum Abschied als Symbol der Erinnerung überreicht. Im Garten blüht das Vergissmeinnicht jedes Jahr wieder, da es sich durch Selbstaussaat erfolgreich vermehrt. Insekten fliegen das Vergissmeinnicht gerne an, da das blaue Blümchen hier einen schlauen Trick verwendet: Nach erfolgreicher Bestäubung verwandelt sich die Farbe des Saftmals in der Mitte der Blüte von Gelb zu Weiß und gibt den Insekten so ein Zeichen, wo noch leckerer Nektar zu holen ist.

Pfingstrose

PAEONIA; PFINGSTROSENGEWÄCHS

Die Pfingstrose blüht zur Pfingstzeit, doch sie ist keine
Rose ohne Dornen, sondern eine „Päonie". Benannt ist
sie nach dem griechischen Götterarzt „Paian". Mithilfe
einer Pfingstrose heilte er Hades, den Gott der Unterwelt,
der sich im Kampf mit Herkules schwere Wunden zuge-
zogen hatte. Die dicht gefüllte, imposante Blüte steht in
China für Vornehmheit,   Reichtum   und   Schönheit

und war lange das Symbol der Kaiser. Im Buddhismus wird sie als heilige Blume verehrt und schmückt zahlreiche Tempelanlagen, im Christentum gilt sie als Marienblume als Zeichen für Heilung, Geborgenheit und mütterliche Liebe. So sagt eine Legende, dass nach der Auferstehung Christi, als sich die Menschen zu Pfingsten taufen ließen, Gott den Rosen die Dornen und den Menschen das Leid genommen hätte. Daher sind Pfingstrosen an diesem Kirchenfest ein beliebter Altarschmuck.

Aber die Pfingstrose dient nicht nur zu Dekorationszwecken: In der Traditionellen Chinesischen Medizin gilt ihre Wurzel als schmerz- und krampflösend, in Europa hat sie als Heilpflanze kaum eine Bedeutung.

Arten	über 30
Blütenfarben	Weiß, Gelb, Rosa, Dunkelrot
Blütezeit	Mai und Juni

Arten	über 70
Blütenfarben	Blau, Violett, Weiß, Rosa, Rot, Gelb
Blütezeit	Mai bis Juli

Akelei

AQUILEGIA; HAHNENFUSSGEWÄCHS

Die Akelei mit ihrer auffälligen Blütenform und ihren prächtigen Farben ist ein wahrer Hingucker. Ihr lateinischer Name leitet sich vom Wort „Aquila", der Adler, ab und ist auf den Blütensporn zurückzuführen, der an den Schnabel eines Adlers erinnert.

Die aus Europa stammenden Arten sind meist blau, violett, weiß oder rosa und werden von Insekten bestäubt. Anders die Arten aus Nordamerika. Sie blühen gelb und rot und werden hauptsächlich von Kolibris angeflogen. Im Volksmund hat die Akelei noch viele weitere Namen wie Elfenhandschuh, Taubenblume oder Venuswagen. Die Blume war im Altertum nämlich der Fruchtbarkeitsgöttin Freya geweiht und sollte liebesfördernde Kräfte haben. Im Christentum steht die Akelei für die Demut Marias und die Dreifaltigkeit. Seit dem Mittelalter gilt die Akelei auch als Heilpflanze. Die katholische Heilige Hildegard von Bingen empfahl die Anwendung der Blume gegen Hautausschläge, Bronchitis und Fieber. Allerdings dürfen nur getrocknete oder erhitzte Pflanzenteile verzehrt werden, die frische Akelei enthält Blausäure und ist giftig.

Arten	über 30
Blütenfarben	Weiß, Gelb, Orange, Rosa, Rot, fast Schwarz, mit Farbverläufen
Blütezeit	ab Juni bis zum ersten Frost

MB

Dahlie

DAHLIA; KORBBLÜTLER

Die Dahlie ist die „Grande Dame" des Spätsommers. Mit ihren faszinierenden Farben und Blütenformen erfreut sie jeden Gartenbesitzer auch an trüben Herbsttagen. Sie stammt aus Mittelamerika, vor allem aus Mexiko, und wurde schon von den Azteken als Nahrungspflanze angebaut. Die Knollen werden wie Kartoffeln gekocht, die Blätter sind für Salate geeignet und schmecken ähnlich wie Rucola oder Spinat.

Der Forscher Alexander von Humboldt brachte im Jahre 1804 Dahliensamen nach Deutschland. Damit nahm die Verbreitung der Dahlie in alle Länder der Erde ihren Lauf und die Zahl der Neuzüchtungen steigt bis heute von Jahr zu Jahr. Inzwischen gibt es weltweit über 30 000 Sorten. Da gibt es Dahlien, die aussehen wie bunte Pompoms, wie Kakteen oder ähnlich wie Orchideen. Auch den prachtvollen Farbvariationen sind keine Grenzen gesetzt. Wer Dahlien verschenkt, zeigt seine Dankbarkeit und Nächstenliebe. Sie steht auch als Symbol für eine gute Nachbarschaft.

Arten	1
Blütenfarben	Blau, Rosa, Violett, Weiß
Blütezeit	Mai bis September

Kornblume

CENTAUREA CYANUS · KORBBLÜTLER

Früher standen Hunderte Kornblumen in jedem Getrei-
defeld, darauf ist auch ihr Name zurückzuführen, und sie
galten sogar als Ackerunkraut. Diese Einstellung hat sich
grundlegend geändert. Heute ist die leuchtend blaue Blume ein Bioindikator und steht für eine gesunde Landwirtschaft frei von Überdüngung und Pestiziden.

Aufgrund des hohen Zuckergehalts in ihrem Nektar ist die
Kornblume bei Bienen und Hummeln sehr beliebt. Die
blauen Blüten reflektieren UV-Licht besonders stark und
wirken so auf Insektenaugen äußerst anziehend, während
Menschen diese Wellenlänge nicht wahrnehmen können.
Doch auch wir lieben die tiefblaue Farbe der ursprünglich
aus Südeuropa stammenden Blume. Die essbaren Blütenblätter sind als Dekoration für Salate und Desserts, aber
auch in Teemischungen sehr beliebt.

In der Romantik war die Kornblume ein Sinnbild der
Sehnsucht und Naturverbundenheit. Zudem war sie die
Lieblingsblume der preußischen Königin Luise
und wurde zum Symbol für den Wiederauf-
stieg Preußens bis hin zum Deutschen
Kaiserreich.

Arten	etwa 67 Arten
Blütenfarben	Gelb, Orange, Rotbraun
Blütezeit	Juni bis Oktober

Sonnenblume

Wer an den Sommer denkt, der denkt an die Sonnenblume. Sie symbolisiert Wärme und Fröhlichkeit und sieht mit ihren gelben, zungenförmigen Randblüten aus wie die Sonne selbst. In der Blütenmitte befinden sich etwa 15 000 Einzelblüten, die zahlreiche Insekten anlocken. Im Spätsommer entwickeln sich aus ihnen die Sonnenblumenkerne, die in großen Mengen für die Herstellung von Vogelfutter verwendet werden. Als Öl oder geröstet zum Knabbern sind die Kerne aber auch bei uns Menschen sehr beliebt.

Die ursprünglich aus Kanada und den USA stammende Pflanze kann eine Höhe von zwei, manchmal sogar drei Metern erreichen. Sie wird gerne an Freunde verschenkt und bedeutet so viel wie „Ich mag dich". In den 60er-Jahren war die Sonnenblume ein Sinnbild der Hippiebewegung, deren Anhänger sich selbst als Blumenkinder bezeichneten, und stand für Nächstenliebe, Einigkeit und Frieden.

Auch in der Kunst ist die Sonnenblume ein bedeutendes Stilelement, die Sonnenblumengemälde von Vincent van Gogh gehören zu den berühmtesten Werken des niederländischen Malers.

Arten	bis 120
Blütenfarben	Rot, Rosa, Violett, Weiß
Blütezeit	Mai bis September

MB

Mohnblume

PAPAVER · MOHNGEWÄCHS

Leuchtend rot blüht im Mai an Straßenrändern und Ackergrenzen die Mohnblume – auch bekannt unter dem Namen Klatschmohn oder Klatschrose. Wie die Kornblume ist auch der Klatschmohn mit seinen hauchdünnen Blütenblättern, die anfangs an zerknitterte Seide erinnern, durch die intensive Düngung in der Landwirtschaft selten geworden. Die rote Farbe der Blüte steht für Liebe und Leidenschaft, aber auch für das Blut der gefallenen Soldaten im Krieg und die Vergänglichkeit.

Während die aus Nordafrika und Asien stammende Pflanze bei uns vor allem als Bepflanzung naturnaher Gärten beliebt ist, verrät ihre botanische Bezeichnung „Papaver" noch eine andere Eigenschaft, die sich vom lateinischen Wort „pappare", übersetzt „essen", ableitet: Die alten Römer gaben ihren Kindern abends Brei mit Mohnsaft, damit sie besser einschliefen. Besonders der Schlafmohn enthält in seiner Milch eine hohe Konzentration Opium, das bis heute als Schmerz- und Betäubungsmittel genutzt wird. Die Mohnsamen des morphinarmen Bäckermohns werden für Süßspeisen wie Mohnkuchen oder Germknödel genutzt.

Hortensie

HYDRANGEA; HORTENSIENGEWÄCHS

Sie beeindruckt durch riesige Blütenstände und kräftige Farben – die Hortensie zieht sofort alle Blicke auf sich. Aber sie ist auch eine sehr durstige Gartenpflanze und lässt in der Sommerhitze rasch die Blätter hängen. Wegen ihres hohen Wasserbedarfs und ihrer typischen Strauchform trägt sie den botanischen Namen „Hydrangea", auf Deutsch „der Wasserkrug".

Ihre Blütenstände bestehen meist aus vielen großen, unfruchtbaren Schaublüten am Rand und nur wenigen kleinen, fruchtbaren Blüten in der Mitte. Daher ist sie für Insekten als Nektarquelle meist wenig geeignet.

Besonders spannend ist die Beeinflussbarkeit ihrer Blütenfarbe durch Düngung der Pflanze. Während sich bei einem niedrigen pH-Wert im Boden die

Blüten blau verfärben, wechseln sie im alkalischen Milieu zu Rosa, ganz anders die weißen Hortensien, die ihre Farbe immer behalten. Nicht nur im Garten erfreuen sich die Hortensien wegen ihrer Vielfalt an Farben und Formen ganz besonderer Beliebtheit, auch werden sie gerne verschenkt und drücken neben Hochachtung und Bewunderung zugleich Großzügigkeit und Überfluss aus.

Arten	70 bis 80
Blütenfarben	Weiß, Rosa, Blau
Blütezeit	Juni bis September

Arten	9
Blütenfarben	Rosa, Purpurrot, Gelb, Weiß
Blütezeit	Juli bis September

Sonnenhut

ECHINACEA; KORBBLÜTLER

Der im Hochsommer und Herbst prächtig blühende Purpursonnenhut ist die bekannteste Echinacea-Art. Wie Strahlen umgeben die purpur-rosafarbenen Blütenblätter den hochgewölbten braunroten Blütenkopf in der Mitte. Wegen des stacheligen Aussehens des Blütenkörbchens wird die Blume auch Igelkopf genannt, was den botanischen Namen erklärt, der sich vom griechischen Wort „echinos", auf Deutsch „Igel", ableitet.

Der Purpursonnenhut stammt aus den Prärien Nordamerikas und wurde schon von den indigenen Menschen als Heilpflanze und Schmerzmittel genutzt. Heutzutage wird er in der Homöopathie bei Erkältungskrankheiten und zur Stärkung des Immunsystems eingesetzt, eine lindernde oder gar heilende Wirkung ist wissenschaftlich allerdings nicht bewiesen.

Wenn im Spätsommer nur noch wenige Blumen blühen, ist der Purpursonnenhut eine wahre Bienen- und Schmetterlingsweide. Hier können die Insekten noch einmal Kraft vor dem Winter tanken, bevor die Blüten absterben und die trockenen Samenstände den Vögeln als Nahrung dienen.

Blumen sind die
Liebesgedanken
der Natur.

BETTINA VON ARNIM